JN440415

에덴의 부재

詩集 정성주

에덴의 부재

인 쇄: 초판인쇄 2013년 11월 25일
인 쇄: 초판인쇄 2013년 11월 30일
지은이: 정성주
펴낸이: 윤기영
편 집: 정설연
펴낸곳: 도서출판 노트북
등 록: 제 305-2012-000048호
본 사: 서울시 동대문구 사가정로 256-4호 나동 B101호
전 화: 070-8887-8233 팩시밀리 02-844-5756
이메일: hdpoem55@hanmail.net

정 가: 12,000원
ISBN: 978-89-92687-42-3-03810

에덴의 부재

정
성
주

노트북

1부. 우리가 별이 되어

2부. 나는 집으로 간다

3부. 건널 수 없는 강

4부. 비와 외로움

가슴詩린 발라드 1~3집 작시

詩평

1부.

우리가 별이 되어

우리가 별이 되어

너는 거문고 줄 고르느라
가난한 길 무릎으로 기어가고
나는 피아노 건반 어루만지며
가난한 길 위에 슬픔의 씨를 뿌린다

우리가 먼 훗날
별이 되어 만난다면
북두칠성 끝
반 뼘 그 어디쯤에서
만나자

직녀성이 너의 목매인
눈물 위로하고
견우성이 나의 두려움 녹여
서로 얼싸안을 때
비로소 하나가 되자.

사랑, 그놈

순진한 들꽃처럼
살짝 다가와
잠든 영혼 깨워놓고
짙은 라일락 향기
퍼트리다가
사자 같은 날카로운 발톱
세우다가
지금은 떨어진 꽃잎
땅 위에 아직도 퍼지는
지독한 향기
지독한 몸살.

키스

미처 준비도 못했네
붉게 젖어있는 입술
안개 젖은 이른 아침
자꾸만 자꾸만
붉은 웃음 터트리며
망보는 수십 개의 눈
물어 무엇하오

내 영혼 깊숙이
붉은 열정 속으로 흐느적거릴 때
영혼의 속삭임조차도'
이 순간만큼은
내 것이 아니라오

별꽃 외마디 외침
생명의 알맹이.

사랑 도둑

진한 입맞춤으로
이별을 고하는 이슬
반짝하고 진주처럼
목에 걸리었다

그 목걸이 내 목에
걸고 와서
계속해서 입술을
훔치고 눈동자를 훔치고

계속 남는 것은
이슬의 미소

이슬이 사라지자
문득
내가 그녀를 훔쳐온 걸 알았다.

바람 울다

널 가슴에 안고 운다
가시꽃 온 하늘에 피다
그녀더러 그리움의 강에서
만나자는 말도 하지 마
기다린다는 말도 하지 마
끝끝내 침묵해 봐.

유리창

까만 유리창에
오른 손
새끼손가락이

허리에 매달린
갈증의 사막을 걸어간다

별 하나 박히고
등대처럼 깜박깜박

지우고 쓰고
지우고 쓰고
새끼손가락이 멈추고

무수히 피어나는 별
은하수 푸른 물결
내일은 웃겠지.

풀은 아파도

바람을 안고 끙끙 앓는다

봄 겨울을 안아도
누운 적 없어
밤새도록 쪼아대는 갈증에
날아가는 별빛

이별의 인사도 못 해준 것이
땅의 애무조차도 위로가 되지 못한다

조각난 난파선 타고서
동풍에 앓아누운 별
가만히 안아준다

풀은
풀은 아파도.

나무

나무와 나무는 서로 껴안지 않는다

오직 하늘과 땅을 껴안고
하늘이 이르는 말
단 한 자루의 총으로
세상을 변할 수 없어
운명의 돌팔매 잠시 쉬어가라는 말

땅이 이르는 말
창백한 우울증으로
나그네가 겪어야 할 환란
겁이 나거든 잠시 쉬어

나무와 나무가
서로 껴안지 않으므로
사사로움이 없어
삶을 조작할 일도 없느니
하늘 말 땅의 말로
사사로움을 갖자.

물

물은 얼굴이 없어서 좋다
어머니의 뱃속에서
태고의 물을 기억하지
못하는 것도 얼굴이 없기 때문이다

불꽃처럼 활활 타오르는
이 땅의 포악스러움도
별들이 그 창을 내던지며
피를 땅에 적셨을 때도
물은 얼굴을 보이지 않고
성난 몸짓으로
쓸어버리고 지워버리고
균형을 만들어놓아

여인이 해산의 고통을 잊고
젖먹이를 품에 안은 것처럼
물은 항상 우리를 껴안고
우리 속에서 살아가고 있는 것은
얼굴이 없기 때문이다.

독을 차고

참 발이 무겁다

내 이웃이 한마디 독을
퍼부었다고
보이지도 않는 독이
내 이웃의 독보다
더 독한 독으로
내 심장을 비틀고서는
개선장군처럼 이태를 버티고 있다

그 독은 지독해서
제 이웃조차 데려와서는
불꽃처럼 활활 타올라
나를 해하고 내 이웃을 해하고 있었다

개나리가 피고 장미가 피고
심장을 비틀던 손을 놓으며
잠시 동안 헤어지는 것이라며
허심탐탐 노리는 독이여
참 발이 가볍다.

기다림

너는 내게로 오는 동안
무얼 보느뇨

봄이면 숲 속으로부터
찾아온 햇살 붙잡는 것이냐

여름이면 무성하고 푸르던
나무 그늘 아래서
꾀꼬리 희롱하느냐

가을이면 푸른 풀밭에 누워
흘러가는 구름 따라
정처 없는 나그네를 보느냐

겨울이면 온갖 사물이
희망 그리움으로 가득
채워나가는 모습으로 보느냐

삼백예순날 하루 정도는
발을 멈추지 말고 내게로 올 수는 없으랴.

고호의 자화상

불쑥 솟아오른 콧등
살짝 치켜든 고개
타협할 줄 모르는 눈
얼굴에 거칠게 드러난 붓질
목걸이에 맹세를 하고
바람일어도
모델을 구할 돈이 없는
가난한 예술가의 꿈
지금은 모든 것을 초월하고
도반의 형상으로
모든 이를 향해 바라보네.

렘브란트 자화상

헝클어진 머리카락
얼굴의 반을 뒤덮은 그림자
그 사이로 세상을 바라보는
동그란 눈
어둡고 칙칙한 공포가
열린 입사이로 뱀의 혀처럼
날름거리고
마음의 창 눈은 그림자로
가려버리고
빛은 검은 옷과
산발한 머리에서 소멸하고서
물감으로 인간의 진실을 빚은
렘브란트여.

어떤 자화상

참회 없는 자서전처럼
정직하지 못한 자화상을 그린다
겉 받침과 안 받침이
돼지 목의 진주처럼 아름답다
성철 없는 자화상을 그리고선
혼자 웃는다.

표암의 자화상

머리엔 벼슬아치 오사모를 쓰고
야인의 옷을 입은 것은
철 밥통처럼 따르는 벼슬의 삶
강호 산정에 은거하고 싶은
도다리의 눈처럼
정면을 비켜간 눈동자
세상잡사 욕심 털어낸
주름투성이 눈두덩
긴 인중 아래 꽉 다문
과묵한 나그네의 설움
야인의 옷차림 속에 감춰진
화장기 없는 여인의 얼굴 같은 얼굴로
자기 고백을 듣는다

여섯 살에 글을 짓고
열 살에 궁중 화가들이
그린 그림에 등급을 매기고
열한 살에 과거보는 선비 곁에서
훈수를 두고
천 년에 한번 나올 천재이건만
병조판서 한성판윤의
순탄한길 속에서
글과 그림 속에서
자기 고백을 듣는다.

주인을 찾습니다

오오 내 사랑은
삼월에 막 피어난 진달래라
고양이 털보보다 부드러운
봄 햇살로 다가온 내 주인

귀여운 내 아이야
귀여운 내 아이야
포근한 품속에서 매일 들려주는
사랑의 말로 두 귀가 팔랑팔랑
행복에 나부낀다

해가 서쪽에서 떠 동쪽으로 진다해도
바닷물이 모조리 다 말라버려도
내 생명이 다하는 날까지 사랑하리라는
맹세는 차디찬 티끌처럼 사라지고

어느 날 나는 낯선 차가운 곳에 홀로 있습니다
내가 버려진 이유를 모르겠습니다
내 주인이 시키는 대로 충성을 한 죄밖에는
주인을 찾습니다

내 네발은 지쳐 쓰레기장을 뒤질 힘도 없어요
차디찬 이슬은 따뜻한 품속이 그리워요
내 마음은 늘 그대로인데
내 사랑하는 자는 왜 나를 버렸을까요.

풀빵

해는 저물고
하늘은 검푸른 어둠
텃새처럼 어디론가 날아갔던 발걸음들
물먹은 솜처럼 터벅터벅 걷지만
갈 곳이 있다

물도 없는 곳에 하루를 심지만
또 다른 하루를 심을 수 있는 걸음이라
갈 곳이 있다

그 열십자 한복판에 서서
풀빵을 먹는다
차디찬 흰 봉투에 담겨진 풀빵 세 개
바짝 마른입으로 들어갈 때
눈은 어둡게 감긴다
기름진 흰밥이 아름답게 입으로 들어갈 때
풀빵이라도 같이 먹고 싶은 사람이
생각날 줄 몰랐다

바람이 열십자 거리를 휩쓸고 지나간다
파랗게 질린 거리
그 어디로 갈 곳이 없다
사랑할 사람이 없다
풀빵이라도 같이 먹을 사람이 없다.

해지는 강에 홀로 앉아

해지는 강에 홀로 앉아있을 때에도
노을빛 하나로도 따뜻한 마음
노을빛 산 너머 자맥질하며 사라져 버리면
어둠에 갇힌 강물을 본다

흐르는 강물을 귀로 보고 눈으로 듣는다
담배 한 개비 물어
빛 하나 손끝에서 타들어 가서야
흐르는 강물은 귀로 듣고 눈으로 본다
때론 얽긴 실타래처럼 세상의 모습이
보이지 않는다 들리지 않는다

강가에 홀로 앉았거든 물을 볼일이지만
무엇이 바쁜가 사랑하는 사람
떠나가는 줄 몰랐네
종종걸음 걷는 사이 눈가에 생긴 주름
강물 위에 마악 흘러가네.

냇가에 홀로 앉아

단풍이 고와서 찾은 발걸음 소리가
오직 하나의 소리이기를
교태를 부리며 얼굴 붉힌 하늘
외면한 체 앉아있는 김씨는
애가 타게 무엇을 기다리지 않을 때가 되었는데
위로 위로 오르는 발걸음 속에서
귀에 익은 발소리를 찾는다
그 발소리는 고요히 흐르는 물속에서나 들려오고
팽 돌아 앉아있는 돌멩이 사이에서도 들려오고
간혹 둥둥 떠오르는 단풍잎에서도 들려오고
그러다 점점 사라진다 고요히
김씨는 발걸음 소리 하나 들리지 않아도
검게 웅크린 체 냇가에 홀로 앉아있다
무엇을 기다리지 말아야 한다는 말을
검게 흐르는 물속으로 흘려보낸다.

산과 강처럼

강물이 산을 두고 가지 않고
산이 강물을 두지 않고 가는 것처럼
나와 사랑하는 그녀는 항상 같이 있습니다
산이 강물의 머리맡에 쉬었다가듯
나는 강물이 되어 그녀를 따라와 머물다가
강이 산의 품안에 안기듯이
그녀는 산이 되어 나를 따라옵니다
그리운 것은 다 산과 강물에서 흐르나니
산과 강물도 홀로 돌아갈 줄 알고
나와 그녀도 홀로 돌아갈 줄을 안다.

가는 길

우리가 서로 길이 되어 만났을 때
나는 그대의 길에서 쉬었고
그대는 내 길에서 쉬었지
한평생 흔들리며 걸어온 그대
풀잎에 내리는 이슬처럼
잠시 쉬었다 갈 줄 몰랐었네
아늑한 뜨락은 만들 수 없었어도
나는 그대의 길에서
오래도록 머물고 싶었네
그대와 나의 길이 겹치는 그 길에
들꽃 무수히 피워보고 싶었다네

우린 바람이 되어 흩어져야 하는가
끓어오르던 온몸의 피
어느새 식어서
천 길 낭떠러지 앞에서
그냥 빗방울로 그대 길에
떨어지고 싶네.

2부.

나는 집으로 간다

나는 집으로 간다

나는 집으로 간다
봄에는 산자락에 핀 꽃과 햇빛을 보고
한 무더기 밤나무 피는 언덕을 지나
억새풀 햇빛을 받아 하얗게 부서져
어디론가 날아가고
하얀 눈 사각사각 내리면
내 늙은 몸을 내어주고
그리운 것은 꽃과 햇빛과 바람과
사랑하는 사람들 사이에 남겨두고
북쪽 하늘 북두칠성에 손짓하며
나는 집으로 간다.

아름다운 그 집

아름다운 그 집은 울 아부지가 지으셨다
북두칠성 반짝이고 ㄱ자 모양 상현달이
살이 오를 때까지
아부지와 동네 사람들은 커다란 돌맹이에
밧줄을 매고 달구질을 하며
천년의 사랑으로 짚을 썰어 황토와 섞어
맨발로 밟아 이겨서
안방에는 울어매와 아부지가
건넌방에는 울어매의 자식들이
구물구물 누우면 상현달처럼 차고
울어매의 된장 끓이는 소리가 들리는
부엌이 만들어졌다
그 집에서는 내가 가장 좋아하는 순이네
집이 보이고
하늘이 열리고 닫히는 모습이 보인다
아름다운 그 집에서 울 아부지는
북두칠성 저 너머로 돌아가고
울 어매는 아름다운 그 집에서
아부지 따라가려고 기다리고 있다.

참 좋은 당신

저만치 혼자 피어있는 꽃처럼
늘 혼자인 나에게
어느 햇빛 따가운 여름
시원한 그늘 드리워지는 기쁨을 보았습니다
당신은 그늘 속으로 들어와서도 가시꽃 피어내는
내 입술을 지그시 누르고 키스를 해주던 참 좋은
당신
어둠을 살라 환한 등불을 켜주고
어느 때는 지친 발걸음 넘어질까 봐
돌맹이 치워 길을 고르고서는
내 허리를 붙들고 목련화처럼 웃었지요
어깨에 내린 머리 쓰다듬을 때는
내 손끝에서는 늘 들꽃처럼
하얀 사랑꽃 피어내게 했던
당신은 참, 좋은 사람.

허기진 복종

네다리 잘려 뒤집어진 풍뎅이처럼
꼬리 잘린 도마뱀처럼
허리 잘린 도마뱀처럼
누구에게 잘렸나요
당신은 우리에게 물었지요
우린 당신 귀에만 들리게
당신의 혀가요
왜 잘렸나요
당신을 위해서요
잘린 다리로도 날개를 펼 수 있어요
풍뎅이가 말했어요
당신을 위해서라면
잘린 꼬리 다시 자란 답니다
도마뱀이 말했어요
당신을 위해서라면 허리만큼
다시 자랄 수 있어요
지렁이가 말했어요
우리를 당신 울타리 밖으로만
내보내지 말아주세요.

침묵 그 날카로움

너의 문이 찰칵 닫혔다
나만이 들어갈 수 없는 문이
아무 소리도 들리지 않는다
날카로운 칼처럼 너의 문은 손을 댈 수가 없다
마음이 저며 온다
차라리 생생한 선혈을 너의 문에 흘려나볼까
어두운 구석에 숨어서
너의 문이 열리길 훔쳐본다
입술을 깨물고 애절한 눈빛으로
날카로운 침묵은 고슴도치처럼
내 가슴을 사정없이 찔어댄다
꿈속에서조차 네 문은 열리지 않는다

어느 날 너를 찾아와 보니
낯선 문하나 열려있다
반가운 마음에 발을 디밀어 보지만
그 문은 내 문이 아니었다.

사월은

해마다 봄이 되면
피어나는 분노
어린 풀잎들조차
그날의 사월은 기억하느니
여린 독을 품고 점점 푸르러지고
그리운 얼굴 다시 찾을 수 없고
그리운 노래 다시 들을 수 없는 사월
곱살스러운 어린 것들 배고픔 사라졌어도
해마다 피는 목련도 하얀 몸매 드러내도
아, 사월의 분노는 흰 국화로 계속 피어나
승리의 함성 깨꽃처럼 피어나리.

유월

맑은 아침
청아한 음성으로
내게 온 당신
액자 속에서 본 당신보다
내 눈앞에 서 있는 당신 모습은
일제히 이슬로 씻은 녹색 얼굴
성스러운 핏빛 색으로
무릎 꿇고 장미를 내밀고서
턱까지 차오른 환희
나에게 붉은 사랑을 고백한 당신
하양 모든 생애가 이만큼만 하여라.

유월에는

바람이 들려주는 뻐꾸기 소리 혼자 듣고
깃발 들고 찾아온 외로움 달래며
베일을 벗고서 막 총포를 터뜨리는
모습에 놀라 마음을 진정하는 사이
별처럼 유월에 오신임이여
사랑한다는 그 말 한마디로 나를 흔드네
만나면 헤어지고 헤어지면 만난다는 말처럼
정녕 유월에는 떠나지 마오

유월에는 당신이 내게로 온 기쁨만
생각하게 해주오
파꽃 바라보며 수만 마디의
말을 주고받았던 것을 잊고
오직 유월에 나에게 들려준
그 한마디만 기억하게 해주오
유월에는 다시는 외지 않을 것입니다.

저녁노을을 보며

며칠째 비가 내리고 파꽃이 피웠습니다
문득문득 구름 사이로 상현달이 뜨고
싸리나무 울 건너 감나무에 바람이 걸리는 저녁
그리움도 함께 걸렸습니다
파꽃 향기에 저녁노을 타고 날아온 벌 한마리
행여 당신의 발자취인가요
하나둘씩 켜지는 전깃불은
행여 당신일까 반가운 마음
희미한 파꽃향기 코끝을 간질이고
벌은 간데없고
오늘도 홀로 가물대는 불을 켜고
환한 등불 들고 올 당신을 기다립니다.

저만큼

하늘과 구름이 함께 껴안고 있는 것처럼 보이지
가까이 가면 저만큼 떨어져 있는 걸 보게 될 거야
이 세상 당신과 있다 하여도
간혹 저만큼 떨어져 있고
우리의 사랑이 떨어져 쌓이고 쌓여도
푸른 종소리마저도 저만큼 흩어져 들릴 때
나와 당신은 하늘과 땅 사이만큼
저만큼 거리가 늘어나겠지.

섬·1

나는 물결을 따라 당신에게 갈 수 있었다
그 물결은 우리의 역사를 만들고
사랑을 만들었지
육지에서 옷자락을 잡아당기는 여우의 농간
그 여우를 알면서도 나만 허연 이빨로 물어뜯었지
끝내 물결은 말라버리고
갈매기 한 마리 날지 않는 섬
제 가슴 찾아 물길을 만들어도 돌아앉은 섬.

섬·2

섬
그립다
입으로 뱉어낸 말
한 달만 한 달만
그 섬에 가고 싶어 뱉은 말도
섬은 알아듣지 못해
섬은
옆구리 자꾸 때려치우는
파도에게만 눈길을 주네
괭이 갈매기 파도가 할퀴고 간 상처로
풍란의 매운 향기로 내 마음 전해주어도
파도는 쉼 없이 섬을 할퀴고 있어
서로를 보지 못하네.

섬·3

갈 곳이 있다고 했다
저녁 바다에 갈 곳을 몰라 떠도는 괭이 갈매기
아직도 가시지 않은 파도의 성난 모습
사무치게 그립고 서러운 것이 아물거든

갈 곳이 있다고 했다
파도의 농간 바람의 농간에
늘 잔정이 많은 나는
아직도 뭍에서 서성이는데
해당화 꽃한송이 피워보지 못하고
아직도 서성이는데.

섬·4

꾀꼬리 한 마리
숲을 떠나 섬으로 갔다
고운 햇살 온몸에 감고서
행여 보리피리 들릴까
말 등처럼 타고 놀던
그 기억의 소나무 있을까
꾀꼬리의 목은 길어질 대로 길어져
그 어디에도 없는 그리움도 없고 미움도 없고
고운 햇살 떨어져 간 몸을
섬을 등지고서
자꾸만 자꾸만 뒤돌아본다.

섬·5

당신은 내 말을 다 듣고 있었어
헤어져 있는 동안 하고 싶은 말을
쏟아낸 내 말을
때로는 괭이 갈매기 되어
그 쓸쓸함 노래하는 것도
때론 성남 이빨로 당신의 허리를 할퀴어도
침묵하고 있는 당신
내게로 올 수는 없는 거지.

섬·6

나는 당신을 섬이라 불렀지
매번 당신에게 달려가는 그리움
긴 하루를 파도가 도막낸다 하여도
당신을 기다리는 가슴앓이로
뿌리 뽑힌 물미역으로 눕고
넓디넓은 바다에
나는 혼자가 되어
소월의 진달래꽃 시만
읊어대고 있네.

낚시

하루가 물속으로 걸어 내려가
세월을 낚는다
세월 깊이를 읽어내고
낚싯줄에 달린 찌가
물속으로 자맥질하여
어머니의 몸속의 탯줄처럼
물고기 한 마리 걸려 나올 즘엔
해는 산을 따라 기울고
세상의 끈과 끈이 엇물린
어망에 든 물고기처럼
담기기 위해 일어선다
발자국이 찍힌 자리에
고기 비늘처럼 부서진 달빛이 자욱하다.

낙타

곧은길이 편하다는 거 안다
사시사철 꽃길이 이어지고
그 꽃향기 사방팔방으로 날리는 그길
낙타도 그 길이 있다는 거 알고 있다
그러나 낙타에겐 주어진 숙명
뜨거운 사막에서 굽은 등에
가장 가엾은 사람 하나 골라
절망의 사막을 건너
터벅터벅 푸른 들판까지
길동무 되어줘야 하는 것을.

3부.

건널 수 없는 강

건널 수 없는 강

추야에 한뼘씩
깊어지는 강
찬바람마저도
슬피 울어
강변에 서성이다
새마저 돌아가네
푸른 꿈으로
불태우던 지난 기억을
자꾸만 자꾸만
힘아리가 없어지고
그대 앞에 쇠창살만
한없이 돋아나는데
신들조차도 건너지 못하는 강
거센 기관차의 힘찬
조각배 하나 띄워 보낼까
그대에게 가는 길엔
독사 새끼 우글거리고
오소리와 살쾡이들만
그대에게 가는 강을
건너려 하네.

개망초

길 위에 선 새 한 마리
푸른 옷이 젖어서
개망초 꽃을 바라보네
영혼의 살점 불규칙하게
부리 끝으로 쪼아도
슬픈 우리 세상
독한 술에서 깨어나지 못하는 영혼
아무리 쪼아도
개망초 꽃만 바라볼 수밖에.

초승달

젖은 가슴으로
만나는 새파란 해후
제 모습 다 보일 수 없는
슬픔이
풀잎의 심장에 아롱졌다
떠도는 인생이랴
청사초롱 불 밝혀보지 못하는
애절함
초승달은 내려와
풀잎 품에 안겨 울었다.

신문

이른 아침
만날 때마다
구름을 눈처럼
밟고 나가는
하룻밤 꼬박 새워
써 보낸 편지처럼
어설픈 고백을 읽는다
간혹 이방인의 부호처럼
낯설은 당신
하지만 활자마다
신선하게 살아나는
당신의 살 냄새
성큼성큼 싸리문 안을
열고 들어온
생각의 낯선 문고리를 잡아
당신을 마주앉아 본다.

꽃이 핀다고

아직도 다 삭혀내어
풀지 못한 깊은 늪 속
꽃이 핀다고
내 마음
푸른 웃음 나올 리 없네
질기고
문득 돌이켜 나를
헐뜯고
내 뼈로 피리를 만들어
부는 울음
꽃이 핀다고
푸른 눈망울에
웃음 나올리 없네
산조차, 구름조차, 바람조차, 기쁨조차, 슬픔조차
꽃이 핀다고
내 마음 마중 나가지 못하는
노숙자의 엉킨 가슴이여.

꽃은 피는데

온 산 가득 진달래 가득 피는데
먼 데 가있는 마음
아직은 서럽기 싫어
눈길마저 거두지 못하는데
홀로 꽃을 보는
중년의 등허리를 만지는
따뜻한 햇볕의 손길
그마저 없으면 서러운 마음
꽃이 피는데
다 봄날이겠는가.

해지는 소리

해지는 소리를
잊은 지 오래
가끔 남들의 해지는 시간이
내게는 해 뜨는 시간
울 할매 실 감는 소리
울 할매 실 푸는 소리.

사월 어느 날

진달래 피는
외딴 마을 모퉁이
찾아오는 건 바람뿐
혓바닥으로 알몸 핥고서야
꽃인 줄 알아
잃어버린 사랑을 찾아
꽃이라 여겨본들 늦을까
중년 여인의 마음
핥고 지나간 바람조차
사월 어느 날에
진달래꽃 옆에 섰네.

기러기 아빠

애달픈 꿈꾸는
처자식
애달픈 꿈꾸는
기러기 아빠
밤마다 홀로
네온사인 불 밝힌 거리를
헤매기로서니
낯선 거리다 낯익은 거리다
동지섣달 기나긴 밤
한 허리 베어도
애달픈 꿈꾸는
처자식은 만중운산
가득한 저 아
아득한 곳
절로 밤마다 떠나는
기러기 아빠의 마음.

언제쯤

빌딩 숲도 숲이런가
간밤 어둠 울음소리로 풀어놓고
햇살을 입에 물고
비쫑비쫑 쪼아대는 새여
돌에 꽃이 피어
메주에 꽃이 피어
탄천에 봄꽃 흐드러져
봄이라고 말해도
얼굴 할퀸 바람
장미에 가시 있어도
장미꽃을 가시라 하지 않고
꽃은 성질 급하게 피어대고
그 꽃 빨리 핀다고 소란이더니
나와 그대 사이에
꽃은 언제 필 것인지.

그리움

내 마음 햇살만큼
잘게 잘게 부서져
꼬리 잘린 도마뱀처럼
또다시 자라난다
문득문득 고개 들어보면
산모퉁이에도 꽃이 피고
구부러진 길 그 어디쯤에도
피어서는
모차르트의 피아노 협주곡
21번에도 수없이 피어나는 꽃
피었다 지고 피었다 지는 꽃은
한 번도 진적이 없다.

국화꽃 향기

어머니의 집 앞마당엔
아버지 대신 국화꽃이 피었습니다
도시로 나간 자식들 대신에
수선화 꽃은
담장 빙 둘러 보초를 세웠지요
수선화보다 국화꽃이 더 좋은지
국화꽃을 바라보며 이야기하는
시간이 깁니다
노란 향기 하얀 향기
앞마당에 가득 터지면
잠시 젖은 가슴 말리나 봅니다
아마도 국화꽃은 아버지 대신
천상의 말을 가르쳐 주고
있는지도 모릅니다.

허수아비

늙은 나무 등걸에 앉아
노인이 운다
노인의 자식 수만큼
눈물방울 보석처럼 투명하다
자식에게 버림받은 것일까
남편이 세상 떠났을까
내 마음은 노인의 눈물 훔쳐 주고 싶지만
아무것도 할 수 없는 하수 아비의 손.

세월협주곡

찬란하게 빛나는 보름달 아래에서
조용하게 들리는 노랫소리
노래는 세월처럼 빠르게 지나가고
마지막에 들리는 것은 차가운 바람 소리
잡아보려고 달을 향해 뻗어본다
가위로
검은 비단에 수놓인 반짝이는 별을
잘라보자
그리고 검은 비단에 수놓은
별들을 내 손으로 깨뜨려보자
검은 비단으로 옷을 지어보자
세월이란 바늘에 꿈이라는 실을 꿰어
세월처럼 빠르게 지나가는 노랫소리처럼
차분하고 소리 없이 빠르게 옷을 지어보자
아니 꿈을 지어보자
비단 위를 깨진 별들로 수를 놓아보자.

꽃잎

내가 만약 당신의 새빨간 심장처럼
붉은 꽃잎이라면
나는 그대를 위해 흩날리겠소
밤이 되어 그대를 비추고
바람이 멈춰도
나는 그대를 위해 흩날리겠소
자
그대도 춤을 추시오
나는 꽃잎 그대는 나비
아침이 밝아올 때
오늘 밤은 춤과 함께
소리 없이 사라지겠소.

시계축

작은놈이 큰놈을
만나겠다고 기다렸다
째깍 1시간

큰놈이 작은놈 만나겠다고
째깍 1분

작은놈 큰놈 따라잡겠다고
달린다

큰놈 한 바퀴 돌아오니
한 발짝 작은놈 성낸다.

서울역 참새

서울역 참새는
봄빛 가득한 나무에 앉아
목련꽃 걸어오는 모습을 본다

봄 햇빛을 하얀 보자기에 싸서
풀어놓는 채비를 마치는
목련의 부지런한 모습에
참새는 이 나무 저 나무
끝에 앉아
목련꽃 날개를 흉내 낸다
기분 좋은 목련의 웃음소리에
화들짝 놀라는 바람.

배낭 속

산에 가는 사람의
배낭 속엔 여러 개의
보따리가
과부의 눈빛을 하고
웅크리고 앉아있다

무수히 피어나는
꽃의 말을 듣고서야
실처럼 풀어지는 마음

산을 닮은 희망을
배낭 속에 챙겨
집으로 돌아와
하나하나 풀어놓으면
환해지는 넋.

바람·1

바람은
꽃잎에 머무를 때가
행복인 것을
저녁노을 저물 무렵에서야
알았다

가급적인 꽃잎에
흔적을 남기지 않으려고
깃털처럼 꽃잎을 흔들어 놓을 뿐
저녁노을 따라
같이 지고 있는 꽃잎을 보고서야
고단한 몸
새까맣던 머리
텅 비운 사이에
잠깐 다녀간
푸른 목소리로
불러보는 꽃이여.

바람·2

바람이 맨발로
들락날락
지상과 천상의
경계에서
징검다리를 놓네

쾌활한 새소리였다가
흰 도포자락 날리는 선비였다가
천년을 불던 하루를 불던
함부로 부는 바람이 아니다

인생은 사통팔달의
보이지 않는 길의 이정표를
만드는 징검다리.

나비

나비는 가슴에
바람을 녹여
하늘 다리를 만든다
어둠과 빛의 계단을
하나하나 밟고 오르면'
땅과 하늘의 기운이
날개에서 부딪혀 내는
생명의 일기를
꽃잎에 쓰며
닮아가는 사랑.

꽃, 터지다

별들이 그 창을 내던져
사방으로 퍼지는 달 조각
앞산에 진달래
뒷산에 개나리

늦게 도착한 달 조각 하나
장미꽃을 피워놓고
수줍은 미안한 마음에
아름다운 벗들 사이에서
진한 향내 피워내네.

향단아

향기 솔솔 나던 때
광한루 이도령과 춘향이
밀어주고 타는 그네를 보며
너와 난 봄꽃에 묻혀 사랑을 키웠지

그네 타던 춘향이
꽃바람에 그만 치마가 하늘로 치솟아
속곳을 우리에게 보여주고 말았지

단 내음 날리며
달뜨는 밤에는 보듬어 안고 입맞춤하던
향단아
이도령은 벌이 되어 춘향 꽃 속에 들어가 있고
나는 강쇠가 되어 향단이 너를 품은 추억.

남녀

서로 웃고 울고
춤추는 아름다운 자태
산야를 가르는 그대와 나
미루나무 같은 가슴을 드러내며 정담을 나눈다
여우비 그친 풀밭에서 노느라 정신이 없어
산야에 푸름이 더해가는 줄 모르고
아지랑이 언덕배기
바지는 내리고 치마는 올리고
술잔을 돌리라고.

4부.

비와 외로움

비와 그리움

해맑은 당신의 얼굴
나의 외로움이 쌓여
비는 그리움을 부른다
비가 내리면
뭇사람들은 총총거리며
회색빌딩 속으로 숨고
가로수 잎들은 고개를 떨군다
당신은 이 빗줄기 따라
떠나려고 하고
나는 새로움을 안고서
머 언 여행을 준비하는가 보다.

비와 빛

비에 촉촉이 적시던 날
그리움에 묻어 나오는 신작로
당신의 마음 어루만지며
바위 속에 떨어져
피어오르는 안개구름
오롯이 주고받으며
그대 손잡고 풀밭에 갔더니
빛은 젖은 몸을 말리고 있었다.

비는 임

비 오면 좋습니다
임이 생겨서
비는 알지요
외로운 사람에겐
둥글게 비를 주지요
외로움을 굴려버리라고
슬픈 사람에겐
덩글게 비를 주지요
슬픔을 털어버리라고
임을 만난 사람에겐
동글게 비를 주지요
임과 함께 가라고.

비는 임의 말씀

비는 외로운 이에게
소리를 들려주지요
때로는 다정한 소리로, 때론 가람 소리로
다정히 사랑을 속삭여 주거든요
그리고 사르럭 사르륵 다가와 안아주거든요
사랑 노래도 불러주고
가슴에 있는 말도 다해주고
사랑한다고
임의 말을 전해 준답니다.

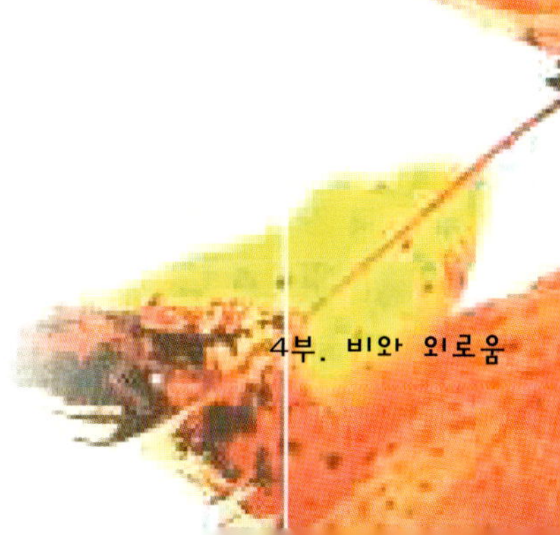

비는 내 마음

이별 그리고 외로움
가슴 졸이며 살았던 지금까지의 성상
그 쓰디쓴 기억을 끌며
얼마나 더 메마른 목젖으로
열 길의 심장 속을 펼친
우산이 될 수 있나
확 펼쳐보지 못한 나날들
갈라 비틀어진 가슴은
어쩌면 이별의 아픔을
외로움에 젖은 쓸개를
이 비에 내놓고
말라지기를 바라는지도 모른다.

여우비

빛이
풀잎으로 알몸을 가리자
회색 구름은
여우비를 불러온다.

삶

휘파람 소리 같은 게
우리네 인생이라지
때론 머리채를 휘어 잡히기도 하고
술상 두드리며 노래 부르기도 하고
목 빼고 빗줄기처럼 우는 날도 많고
자작나무 같은
살갗 벗겨지는 내 장딴지도
산야를 뒤집어 냇가에 내놓으면
젖이 불은 여인을 만난 것처럼
마냥 튼실해진다.

베일 쓴 신부들

신기루일까, 신비로운 일일까
먼 나라에서 베일 가리고 온 여인들
노래도 부르고 예술도 하며
장가도 못 간 농촌 총각들 부풀게 하는 저 꿈들
그 꿈에 섞여 비행기 등에 신부를 업고
들녘 야생화 향기로
신랑들의 메마른 가슴을 덮으며
아리랑으로 춤을 춘다.

작가

신의 언어인가, 뜻인가
봄 살에 못 이겨
문학의 길로 들어섰더니
예술가의 경지는 어렵더라
모든 침묵 찬찬히 일깨워
나 이제, 그 어려움 딛고
운명처럼
개미처럼
작은 집을 짓는다.

저무는 세월 희망으로

우린 신들처럼 만들어 갔다
고된 하루를 행복으로 여기며
목숨보다 힘들었던 시간을 뒤로 밀어놓고
보이지 않는 길에 도전장을 던져본다

너의 말이 급소로 자리 잡고 있기에
까칠해도 내게 전해오는 사랑에 힘입어
살아갈 이유가 생겼지만
이런 날이면 숲에 잠든 이가 그립다
멍하니 인생에 취한 듯 아리고 나니
저무는 해가 그립다.

MUSIC
POEM 1집

HEALING
가슴詩린 발라드

유태광
임재현
이성국
서목
정설연
정성주
윤기영
김행하

모래성

가슴으로 무너진 세월 내 맘 속에 흘러내려
이제는 멀어져가는 추억의 모래성이여

걸음마다 헤어날 수 없는 더욱 깊이 빠져들고
덧없이 사라져가는 내 안의 모래성이여

수없는 많은 날들을 사랑으로 쌓아 왔지만
허물어져간 잊혀져가는
그 시간 속에 나는 얽매여
초라한 그 모래성을 목매어 바라보네

언젠가 거센 파도에
부서질 모래성이여 알면서도 그리움 속에
기다릴 수밖에 없는 사람아

가슴시린 발라드 1집 중에서

내 안에 당신

보랏빛 향기로 가슴을 태우던
사랑으로 써내려간 아름답던 날들
그 속에 갇혀서
그 안에 갇혀서 그리움만 피웠지

잊으려 하면 더욱 다가오는
그리운 당신 생각에
애쓰지 말고 잊어야 하는
그런 사랑인 줄 알면서도
바람 속으로 추억 속으로 난 걷고 있네

보랏빛 향기로 마음 설레이던
사랑으로 잠 못 이룬 아름답던 날들
그 속에 갇혀서
그 안에 갇혀서 그리움만 태웠지.

가슴시린 발라드 1집 중에서

27
Coda
G
E7
Dm7

Music poem 2집

가슴 詩린 발라드

문체의 음악적 변신

감성지수 36.5℃

詩人	가수
윤기영	하남석
정설연	김명상
이재천	신계행
정성주	임재현
최유진	유태광
고현자	이성국
채유진	서 목
김상희	

기획 윤기영_디자인 정설연_제작 노트북_유통 윈드밀로고_작곡.편곡 김지일

미안하다 그 말 한마디

너를 떠나보내려 했었지
별들이 촘촘이 수놓으면
떠나지 않는 가슴에 남은 그 말 한마디
미안하다 전하지 못하고
시간으로 채워야하는
나만의 여백을 남기고 싶었지

얼마나 기다렸던 시간들인데
얼마나 간직했던 그리움인데
조금씩 어두운 마음에 느낌이 오면
눈에 떨칠 수 없는 세월을
내 곁에 두기엔 어두운 날들이었어
너는 너라고
나는 나라고
미안하다고 말하고 싶었지.

가슴시린 발라드 2집 중에서

내 마음 우산이 되어

그저 생각만으로
마음은 한없이 그대에게 향해가고
가슴속 깊이 속삭이면
그대는 세월이 주는 향기인가요

바라보는 눈빛만으로
마음은 나의 우산이 되어주고
언제나 화사한 꽃이 되어
내 곁에 피어납니다

그 세월이 가슴으로 스칠 땐
바람이 지나간 흔적들로
그리움을 감추고 싶지만
내겐 남겨진 존재입니다

내 마음이 살아있는 동안
그대는 나의 우산입니다

가슴시린 발라드 2집 중에서

가슴詩린 빨라드 3집

눈 속에 별이 되어

눈가에 새겨진 이름 하나로
가슴에 멍든 만큼 기다렸건만
하루가 멀게 다가오는 그리운 사람
그리움보다 사랑을 알게 한 사람

눈이 내리면 간절한 마음
그대가 있기에 내가 있습니다
한발도 걸을 수 없어 가지 못하고
가슴에 남은 상처 혼자 아파하기에

당신은 쉼 없이 그리운 사람
오늘도 보고픈 그리움 사람
당신의 눈 속에 별이 되어 반짝입니다.

가슴시린 발라드 3집 중에서

나 여기에서

나 여기에서 바람에 흔들리며
그대 발걸음 따라 여기에 서 있네
가끔은 흔들려도 보고 하늘한번 바라보며
먼 심연에 마음 한번 잠재웠지

영롱한 눈빛으로 나 여기에서
꽃이 피고 눈이 와도 미동하지 않고
떠나지 못하는 미련한 그리움 때문에
내 마음 이렇게 서성이네

때론 바람에 흔들리는 가지처럼
외로이 우뚝 선 나무처럼
인내하며 나 여기에서
그대를 부르며 나 여기에서 서 있네.

가슴시린 발라드 3집 중에서

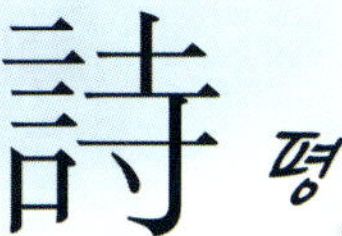

에덴의 부재를 역설하다

-이상미-

에덴의 부재를 역설하다

-사랑의 메타포를 쓰다-

이상미

사랑에 관한 역학에 대하여 많은 사람들의 의견이 분분하다.
혹자는 정직한 농사의 경작을 토로하기도 하고 혹자는 예술의 경지로 올려놓기도 한다. 정의를 규명한다는 일은 가장 어리석음을 인정하는 진술일지도 모른다는 전제 아래 오늘 또 그 풀기 어려운 근원의 문제 앞에 섰다. 글로 풀어 말할 수 있는 것이 있다는 것은 조물주가 존재한다는 것에 의구심을 증명하기 적절하다. 한 뼘의 오류도 우주는 인정하지 않고 누구든지 마음을 향해 힘껏 달려갈 수밖에 없다. 희망의 메시지가 실시간 전해오는 이 폭우 쏟아지는 장마철에 바퀴도 없이 진리가 우리 앞에 또 한 대 다가오고 있기 때문이다.

7월 시집의 예편은 이미 운명적이다. 더 이상 기다릴 것이 없을 때 늘 장마가 손님처럼 찾아오셨다. 백여 편에 가까운 그의 체온을 읽으며 우주와 가장 가까운 시인을 마음에 다시 초대해 볼 수 있었다.
시인은 누구나 에덴의 회기를 꿈꾸며 살고 있다. 우주적 자아는 그래서 더욱 자연스럽고 오래 두어도 부패하지 않는 식구가 되는 것이다.
적절하게 시의 온도를 유지하기 위해 시인은 한때 에덴을 다녀왔음이 분명하다. 그가 흔적을 남기지 않음이 그 첫 번째 증명이 되고 어느 구절에서도 금기를 남용하지 않았음이 그 마지막 증명이기도 하다. 독자는 시종일관 그의 시 속에서 향수를 발견할 때까지 그의 아름다운 덫에 걸려 주술처럼 사랑을 불러내어야 할지도 모른다. 마지막 한 줌의 허공처럼 산후 우울증을 앓게 되거나 병명을 알기도 전에 스스로 치유되는 은사를 받게 될지도 모른다.

순진한 들꽃처럼
살짝 다가와
잠든 영혼 깨워놓고
짙은 라일락 향기
퍼트리다가

詩평 – 이상미

사자 같은 날카로운 발톱
세우다가
지금은 떨어진 꽃잎
땅위에 아직도 퍼지는
지독한 향기
지독한 몸살

『사랑, 그놈의 전문』

시인이라 하면 이 어지러운 세상에서 자못 독야청청하는 사람일 것이다.
그럼에도 불구하고 가장 많은 번뇌의 불길을 눈감을 때까지 끄지 못하고 사는 사람이 또한 시인이라면 이 역설을 어떻게 설명할 수 있겠는가.
위의 시를 읽으며 필자는 들꽃과 영혼과 발톱에 시선이 고정될 수밖에 없었다. 오랜 습작 생활을 하다보면 몸과 마음이 수련기를 거친 들꽃이 될 수밖에 없다. 바꾸어 말하면 고작 들꽃이 되기 위해 힘든 고행을 해야 한다는 말이다. 일반인의 식견이라면 쉽게 납득이 가지 않을 수도 있겠지만 시인의 눈에 비친 사소함이라 있을 수가 없기 때문이다. 그것이 바로 심산유곡이 아닌 글을 쓰면서 깨달은 영혼의 담론이기 때문이다. 사랑은 본래 유형의 물질임을, 온 우주에 방대하게 피어있는 들꽃 한 그릇 담을 수 있는 형태임을 그리고 그자체가 발톱을 숨긴 인간적인 진리임을 시를 통해서 증명해주고 있다.

까만 유리창에
오른 손
새끼손가락이
허리에 매달린
갈증의 사막을
걸어간다
별 하나 박히고
등대처럼 깜박깜박
지우고 쓰고
지우고 쓰고
새끼손가락이 멈추고
무수히 피어나는 별
은하수 푸른 물결
내일은 웃겠지

『유리창의 전문』

오늘 그가 부재를 인정할 때까지 그에게 주어진

시간들을 더듬어 본다.
그리고 조심스럽게 그의 사막에 접근을 시도해 본다.
그도 나도 한 번도 살아 본 적이 없는 그곳을 들여다보기 위해서 제일 처음 내가 해야 할 일은 행과 연의 멈춤이다. 굳이 어렵지 않은 조약돌 같은 언어들로 촘촘히 마음의 성근 자리를 메꾸는 것을 본다. 그는 아주 성실한 시인이다. 느슨한 듯 여백을 두고 다음 행을 준비한다. 멀리서 도구를 구하지 않고. 태양계를 맴도는 그의 시각과 청각에 자신을 맡긴다. 활용하는 모습이 충분히 지혜롭고 창의적이다. 그에게 일상이란 다분히 우주를 다녀오는 일. 그중 사랑의 행위도 우주적 일상일 뿐이다. 사소함과 특별함이 간극을 두고. 서로 교통을 하고 있다. 다시 만날 날은 내일이라는 또 다른 힘에게 맡길 줄 아는 심미안에 놀라울 뿐이다.

나무와 나무는
서로 껴안지 않는다
오직 하늘과 땅을 껴안고
하늘이 이르는 말
단 한 자루의 총으로
세상을 변할 수 없어

운명의 돌팔매 잠시 쉬어가라는 말
땅이 이르는 말
창백한 우울증으로
나그네가 겪어야 할 환란
겁이 나거든
잠시 쉬어
나무와 나무가
서로 껴안지 않으므로
사사로움이 없어
삶을 조작할 일도 없느니
하늘 말 땅의 말로
사사로움을 갖자

『나무의 전문』

제자리에서 천 년을 가는 나무와 잰걸음으로 단 한발도 못 걷는 차이는 무엇일까. 세상에 존재하는 모든 사물에는 저마다 물음 한마디씩 있어.
시인은 그 물음 앞에 시 한 보따리 풀어볼 수 있다. 두 사물 간의 거리를 두고 학자들은 은유의 간격이라 한다. 수많은 이야기의 간격처럼 이 나무와 저 나무를 사이에 두고 시간은 좀처럼 비껴가지 않는다. 언제든 풍랑이 마음을 넘어 끝내 산을 범람시키고서야 한소끔 사람들은 움직이기 시

작한다. 시의 도입은 그렇게 시작이 된다. 사람들이 사는 마을이 술렁이고 어느 집 누군가의 아들이 귀먹고 마침내 실어증에 걸렸다는. 모든 사물은 두 사물 간의 동일 선상에서 이루어진다. 서로 다른 두 사물을 하나의 동일 선상에 놓으면 새로운 에너지가 발생하게 된다. 그 은유의 유희를 맘껏 즐길 수 있다면 저 두 나무의 해법을 풀어가는 일이 풍류처럼 다가올 것이다.

우주는 일체성의 원리를 지니고 있다.
위의 시가 한 연으로 되어있는 것은 그 일체성에 근본을 두고 있음을 간접적으로 시사 한다고 볼 수 있다. 봄에 씨앗을 뿌리는 일과 겨울에 동면하는 일 그와 속도를 같이 하는 일이 시인들이 몸소 보여주어야 할 소명이다.
그는 멀리가지 않고 여전히 씨를 뿌리고 거둬들이는 일을 게을리 하지 않는다. 그러므로 그의 세계에는 조작이란 있을 수 없다.

불쑥 솟아오른 콧등
살짝 치켜든 고개
타협할 줄 모르는 눈
얼굴에 거칠게 드러난 붓질
목걸이에 맹세하고

바람 일어도
모텔을 구할 돈이 없는
가난한 예술가의 꿈
지금은 모든 것을 초월하고
도반의 형상으로
모든 이를 향해 바라보네

『고호의 자화상의 전문』

한 생을 정물화로 옮기는 작업을 묘사라고 한다면 그 시안은 시인의 광대성에서 기인되는 것이다. 현대시의 길이가 늘어나면서 형상화의 초점은 원심력을 많이 잃어가고 있고 시인들은 딜레마에 빠지기도 한다. 나또한 고호의 자화상을 한참 들여다보던 때가 있었다. 화가의 삶이 농축된 자화상 앞에서 잘려나간 것은 귀만은 아니었다. 경제력과 사회성을 잃어가면서 소리를 버리고 마침내 귀를 잘라버린 얼굴이 그와 함께 이생을 살고 있는 모든 이들을 도반으로 승화 시킨다. 허구로서 완성되는 어느 슬픈 화가의 웃음을 돌려주는 시인의 역할이 빛나는 한편의 시이다.
공존은 시대의 이데올로기 속에서만 존재하지 않는다. 그 편견의 장벽을 넘어 촌철살인 같은 후광의 글로서 충분히 벗어나게 만드는 것이 시인들의 천직이다.
완성되지 못한 밑그림을 알아차려 화가의 내적 요소를 도출해내고서야 고호의 자화상 앞에서 부끄럽지 않은 그는 진정 고호의 도반이 틀림이 없다.

오오 내 사랑은
삼월에 막 피어난 진달래라
고양이 털보다 부드러운
봄 햇살로 다가온 내 주인
귀여운 내 아이야
귀여운 내 아이야
포근한 품속에서 매일 들려주는
사랑의 말로 두 귀가 팔랑팔랑
행복에 나부낀다
해가 서쪽에서 떠 동쪽으로 진다 해도
바닷물이 모조리 다 말라버려도
내 생명이 다하는 날까지 사랑하리라는
맹세는 차디찬 티끌처럼 사라지고
어느 날 나는 낯선 차가운 곳에 홀로 있습니다
내가 버려진 이유를 모르겠습니다
내 주인이 시키는 대로 충성을 한 죄밖에는
주인을 찾습니다
내 네발은 지쳐 쓰레기장을 뒤질 힘도 없어요

차디찬 이슬은 따뜻한 품속이 그리워요
내 마음은 늘 그대로인데
내 사랑하는 자는 왜 나를 버렸을까요.

『주인을 찾습니다 전문』

바리 떼기를 기억해낼 때까지가 꼭 그의 시였을 것이다. 어느 날 불쑥 세상 밖으로 밀려나와 생을 구걸하기까지. 비로소 내가 우주 속의 걸인이라는 것을 누추히 생각해 내기까지. 처마 밑에서의 단잠이 깨기까지 등등이. 수많은 교육을 통한 이론과 저서들이 날림으로 그의 주위를 맴돌고 저마다 터전에서 그는 전사처럼 하루하루를 지켜내고 있었을 것이다.
매일 승리하는 삶 속에서도 밤마다 그의 등을 두드리는 아직 다 채우지 못한 깡통 같은 허기. 잘 견뎌내지 못하고서야 다른 생의 문을 두드려야 한다는 아이러니 앞에서 자신과 맞닥드렸을 것이다. 눈에 보이는 자연이 그의 거울이고 그걸 통해서 자신을 반추해 볼 수 있다는 경이로움에 생에 처음으로 소름 돋도록 전율을 느껴보았을 것이다. 그 모든 것이 어느 날 내게로 찾아오듯 그의 모든 시들 또한 그렇게 주인처럼 그에게 찾아왔을 것이다.

詩평 – 이상미

해지는 강에 홀로 앉아있을 때에도
노을빛 하나로도 따뜻한 마음
노을빛 산 너머 자맥질하며 사라져 버리면
어둠에 갇힌 강물을 본다
흐르는 강물을 귀로 보고 눈으로 듣는다
담배 한 개비 물어 빛 하나 손끝에서 타들어 가서야
흐르는 강물은 귀로 듣고 눈으로 본다
때론 얽긴 실타래처럼 세상의 모습이
보이지 않는다 들리지 않는다
강가에 홀로 앉았거든 물을 볼일이지만
무엇이 바쁜가 사랑하는 사람
떠나가는 줄 몰랐네
종종 걸음 걷는 사이 눈가에 생긴 주름
강물위에 마악 흘러가네

『해지는 강에 홀로 앉아 전문』

가장 무서운 일을 피하기 위해 서둘러야 한다면 그것은 예술을 선택해야 하는 일이다.
모든 예술이 가장 본질에 가까운 이유가 바로 그 두려움의 까닭이다.
아주 짧은 순간이라도 내게로 그것이 영감처럼 찾아왔다면 흑백의 무성영화 기억처럼 평생 그 씨네마의 영상에 사로잡힐 수밖에 없다. 해지는 강가에 홀로 앉아 있는 일은 내가 나의 영상을 찍는 일이다. 관객이 내가 되어 바라보는 나의 실체는 아무 배경이 없어도 그곳이 노을이고 해 질 녘 강가일 것이다. 귀로 보고 눈으로 들어야 하는 육감의 발달은 축복이고 눈물이다.
어쩌면 가장 마지막 무대가 될 곳에서 한편의 삶을 흘려보내고서야 시인은 다 보았다고 말을 할 수 있을지도 모른다.

아름다운 그 집은 울 아부지가 지으셨다
북두칠성 반짝이고 ㄱ자 모양
상현달이 살이 오를 때까지
아부지와 동네 사람들은 커다란 돌멩이에
밧줄을 매고 달구질을 하며
천 년의 사랑으로 짚을 썰어 황토와 섞어
맨발로 밟아 이겨서
안방에는 울어매와 아부지가
건넌방에는 울어매의 자식들이
구물구물 누우면 상현달처럼 차고
울어매의 된장 끓이는 소리가 들리는
부엌이 만들어졌다
그 집에서는 내가 가장 좋아하는
순이네 집이 보이고
하늘이 열리고 닫히는 모습이 보인다
아름다운 그 집에서 울 아부지는

북두칠성 저 너머로 돌아가고
울 어매는 아름다운 그 집에서
아부지 따라가려고 기다리고 있다

『아름다운 그 집 전문』

집 한 채의 의미가 에덴처럼 느껴지는 번지수를 찾는데 꼬박 한평생이 걸린다.
알몸으로 처음 울음을 터뜨린 곳이 바로 낙원이라면 커가면서 실낙원은 스스로 만드는 것일지도 모른다. 슬하를 떠나 객지로 나선 동안 늙어가는 것은 나뿐만이 아니다. 무화과도 꽃을 지우고 다시 돌아올 곳엔 큰 도로가 기억을 다 허물어 버렸다. 위의 시는 유년의 초기화를 위해 다시 정전되어있는 기억 속으로 촛불 밝히고 찾아가는 여정이다. 어두운 기억을 더듬어 맨 먼저 담장을 찾아내고 마침내 에덴의 담장 안으로 들어가게 된다. 다 흘러갔다고 되뇌었던 하늘빛과 밤길같이 했던 상현달, 아직 잊지 않은 입맛이 초심으로 그 날을 상기시켜주었다. 본래 시를 쓰는 이유는 발설을 통해 나를 수용하고 애도함에 그 뜻이 깊다.
내 속의 수많은 나를 길을 찾아주는 일이 글을 쓰는 일 말고 또 있을까. 시를 쓴다는 것은 까치발하고 순이네 집을 올려다보는 그 순수함에 동기가 있다고 본다.

참 발이 무겁다

내 이웃이 한마디 독을
피부었다고
보이지도 않는 독이
내 이웃의 독보다
더 독한 독으로
내 심장을 비틀고서는
개선장군처럼 이태를 버티고 있다
그 독은 지독해서
제 이웃조차 데려와서는
불꽃처럼 활활 타올라
나를 해하고 내 이웃을
해하고 있었다

개나리가 피고 장미가 피고
심장을 비틀던 손을 놓으며
잠시 동안 헤어지는 것이라며
허심탐탐 노리는 독이여
참 발이 가볍다

『독을 차고 전문』

시는 첫 문장에서 결판이 난다.
오래 숙성되어 나온 글일수록 첫 문장은 찬란하다.

詩평 – 이상미

시인은 화두를 두고 오래 기다린다.
독을 두고 오래 번뇌했던 진가가 빛나려면 더 이상 출구가 없을 때까지 형형한 눈빛을 놓아서는 안 된다. 그렇게 탄생한 싱싱한 글귀를 세상에 내놓았을 때 방심한 우리생의 뒤통수를 후려치는 한마디를 비로소 듣게 된다.

위의 시 첫 행은 '참 발이 무겁다'라는 진술로 독자의 마음을 치고 들어온다.
글감을 두고 오래 삭히면 도저히 과학으로 풀 수 없는 영감이 선물처럼 찾아온다.
초과학적인 그것은 휘발성이 강해 재빨리 끓여내지 않으면 안 된다.
타고 난 민첩성으로 순간의 아우라를 놓치지 않은 시인의 시각이 주목되는 부분이다.
또한, 마지막 행에서 보여준 그의 달관은 생략과 여운을 통한 수미상관으로 아주 성공적인 글이라 말할 수 있겠다.

하루가 물속으로 걸어 내려가
세월을 낚는다
세월 깊이를 읽어내고
낚시 줄에 달린 찌가
물속으로 자맥질하여

어머니 몸속의 탯줄처럼
물고기 한 마리 걸려나올 즈음엔
해는 산을 따라 기울고
세상의 끈과 끈이 엇물린
어망에 든 물고기처럼
담겨지기 위해 일어선다
발자국이 찍힌 자리에
고기비늘처럼 부서진 달빛이 자욱하다

『낚시 전문』

물상이 이미지로 연결되는 간극을 좁힐수록 좋은 시가 탄생된다. 우리의 오감은 아주 과학적이어서 몰입할수록 명징하게 묘사가 된다. 예리하게 산채로 낚아채야 하기 때문에 사물과 시적 자아 간의 오차가 짧을수록 좋다. 형상화는 바로 시적 완성도와 연관이 되므로 심상의 중요성은 간과할 수가 없다.

좋은 시란 어떤 것인가라는 문제를 두고 누구나 생각에 잠기게 된다. 많은 사람이 극찬한 시들의 예를 보면 참신하고 독창적이다. 창작이란 당연히 아무도 손 타지 않은 문장을 의미하므로 내가 서 있는 곳에서 바라보는 우주는 나밖에 표현할 수가 없다. 그러므로 한편의 모든 시는 원본일 수밖에 없다.

하루가 물속으로 걸어 내려가는 그 거룩한 장면은 그래서 더욱이 독자들에게 큰 화두가 될 것이라고 믿는다.

길 위에 선 새 한 마리
푸른 옷이 젖어서
개망초 꽃을 바라보네
영혼의 살점 불규칙하게
부리 끝으로 쪼아도
슬픈 우리 세상
독한 술에서 깨어나지 못하는 영혼
아무리 쪼아도
개망초 꽃만 바라볼 수밖에

『개망초 전문』

시인의 한계를 극복하는 일을 두고 고심에 빠질 때가 있다.
때론 절망이라는 이름으로 잠 못 이루곤 한다.
하얀 백지와 우주를 마주하며 아무것도 복사해내지 못하는 자신의 한계에 다다르면 문득 그것이 한편의 시로 승화되기도 한다.

아직은 개망초밖에 볼 수 없지만, 그 작은 우주를 만나기까지 과정이라면, 곧 반갑게 만날 또 다른 이름의 개망초가 그를 기다리고 있을 것이라 믿는다. 자신의 한계를 인정하는 일은 지금 도전을 하고 있다는 또 다른 이름의 도전이다. 길 위에선 한 마리 새가 할 수 있는 일은 비상 말고 또 무엇이 있겠는가. 힘차게 날갯짓하는 장면의 여운을 독자의 몫으로 남기니 그는 분명 타고 난 시인이다. 백여 편에 가까운 그의 시를 읽는 내내 난 분명 한 채의 에덴을 떠올렸음을 부정할 수 없다.
생명을 가진 모든 것들은 언젠가는 그 아름다운 감옥으로 다시 돌아갈 것이다.

시는 본향에 대한 향수이며 우리 모두는 그 회기를 알고 있기에 두렵기도 한 그 삶과 죽음의 역설 앞에서 당연 시 한줄 남기는 일 말고는 없을 것이다. 많은 독자가 그의 시를 읽고 오늘이라는 이 낙원을 철저히 누릴 것이라 믿는다.
그가 말하는 부재가 가장 충만한 지금이기에 그 이 시집 상재를 독자들과 더불어 축하하며 늘 문운이 함께 하기를 기원한다.

이상미(한성대 사회교육원 출강)

그곳에 가면 그리움이 서 있을까

정성주 詩集

詩평론 - 이상미

도서출판 노트북

에덴의 부재

인 쇄: 초판인쇄 2013년 11월 25일
인 쇄: 초판인쇄 2013년 11월 30일
지은이: 정성주
펴낸이: 윤기영
편 집: 정설연
펴낸곳: 도서출판 노트북
등 록: 제 305-2012-000048호
본 사: 서울시 동대문구 사가정로 256-4호 나동 B101호
전 화: 070-8887-8233 팩시밀리 02-844-5756
이메일: hdpoem55@hanmail.net

정 가: 12,000원
ISBN: 978-89-92687-42-3-03810